RÉPERTOIRE DU GYMNASE DRAMATIQUE,

CONTINUATION DE CELUI DU THÉATRE DE MADAME.

L'APOLLON DU RÉVERBÈRE

OU

LES CONJECTURES DE CARREFOUR.

TREIZIÈME LIVRAISON.

PARIS.

POLLET, LIBRAIRE-ÉDITEUR,

aire du Répertoire du Gymnase dramatique,

RUE DU TEMPLE, N° 36;

RBA, PALAIS-ROYAL.

1832.

RÉPERTOIRE

DU

GYMNASE DRAMATIQUE,

CONTINUATION DE CELUI DU THÉATRE DE MADAME.

PAR M. SCRIBE.

―

Chaque pièce se vend séparément 1 fr.

―

EN VENTE 2ᵉ SÉRIE.

1. Le Foyer du Gymnase.
2. Une Faute.
3. La Seconde Année.
4. Le Quaker et la Danseuse.
5. Philippe.
6. Louise.
7. La Favorite.
8. La Vengeance Italienne.
9. Le Chaperon.
10. Le Savant.
11. La Famille Riquebourg.
12. Schahabaham II.
13. L'Apollon du Réverbère.

―

SOUS PRESSE.

Jeune et Vieille, les Trois Maîtresses, le Budget d'un jeune Ménage, la Famille du Baron, Zoé, le Suisse de l'Hôtel, le Soprano, le Luthier, etc.

RÉPERTOIRE
DU
THÉATRE DU VAUDEVILLE.

Chaque pièce se vend séparément 75 c.

EN VENTE.

1ᵉʳ Kettly ou le Retour en Suisse.
2ᵉ Léonide ou la Vieille de Surène.

Sur la demande d'un grand nombre de nos souscripteurs nous avons imprimé les trois plus jolies pièces de Picard : *La Petite Ville*, comédie en 4 actes et en prose ; *M. Musard*, comédie en un acte et en prose ; *les Visitandines*, opéra-comique en 2 actes. Prix des trois pièces 1 fr. 50 cent. Le papier et le format sont absolument conformes au *Répertoire de Madame*. La pagination de ces trois pièces se suit, on peut les faire relier en un vol. Elles forment des parties qui sont détachées, mais ne peuvent se vendre séparément.

RÉPERTOIRE

DU

GYMNASE DRAMATIQUE.

PARIS. — IMPRIMERIE DE DONDEY-DUPRÉ,
Rue Saint-Louis, n° 46, au Marais.

RÉPERTOIRE
DU
GYMNASE DRAMATIQUE.

L'APOLLON DU RÉVERBÈRE,

OU LES

CONJECTURES DE CARREFOUR,

PAR M. SCRIBE, MÉLESVILLE ET XAVIER.

PARIS.
POLLET, LIBRAIRE-ÉDITEUR,
Propriétaire du Répertoire du Gymnase Dramatique,
RUE DU TEMPLE, N° 36.

1832.

L'APOLLON DU RÉVERBÈRE,

OU LES

CONJECTURES DE CARREFOUR,

TABLEAU POPULAIRE EN UN ACTE.

PAR M. SCRIBE, MÉLESVILLE ET XAVIER;

Représentée pour la première fois, à Paris, sur le théâtre des Variétés, le 24 mars 1832.

PERSONNAGES.   ACTEURS.

M. PATOULET, commissaire. M. Cazot.
SUZETTE, sa servante...... Mlle Augustine.
CHOUCHOU SÉRAPHIN ... M. Adrien.
FLAMÈCHE, allumeur..... M. Vernet.
FILOSELLE, Md. bonnetier. M. Charlet.
Un Caporal de la Garde
    Nationale............. M. Lebel.
Un soldat parlant........ M. George.
Un cocher.
Soldats.

La scène se passe à Paris.

L'APOLLON DU RÉVERBÈRE,

TABLEAU POPULAIRE EN UN ACTE.

Le théâtre représente une rue; à droite, un hôtel garni avec un écriteau au-dessus de la porte, sur lequel on lit : *Mad. Dufour. Jolis petits appartemens meublés de garçon.* Derrière cet hôtel une petite cour avec une autre porte donnant aussi sur la rue. Le mur de cette cour se prolonge jusqu'au 4e ou 5e plan, un réverbère est contre le mur. A gauche, la maison de Patoulet, avec un balcon au premier; un deuxième réverbère est contre le balcon et dressé près de la maison de Patoulet; une boîte en fer est pratiquée dans le poteau pour renfermer la corde du réverbère.

SCÈNE I.

SÉRAPHIN, SUZETTE.

(*Suzette porte une petite corbeille, avec une demi-tasse de café, le sucre, etc. Séraphin une canne à la main, une casquette, un paquet sous le bras.*)

SÉRAPHIN.

C'est toi!... ma chère Suzette, ah Dieu! que je suis content!

SUZETTE.

Et moi donc, mon pauvre petit chouchou Séraphin... J'étais si impatiente, que j'avais envoyé aux Messageries pour s'informer adroitement si tu étais arrivé.

SÉRAPHIN.

C'est-il heureux de t'avoir rencontrée comme ça, juste à mon débotté de la diligence de Pithiviers, d'où je suis parti hier soir, sur l'impériale, entre un sac de nuit et un pâté de mauviettes.

AIR : *de sommeiller encor, ma chère.*

Aussi, tu vois quelle est ma mise,
Le vent m'enleva mon chapeau ;
A la Douane est ma valise,
Et tout mon argent au bureau ;
Et, craignant des fraudes secrètes,
Les commis d' la barrière, hélas !
Ont mangé d'vant moi mes mauviettes,
En me disant qu' ça n' passait pas.

Et tout d'même elles y ont passé..... un pâté superbe que j'apportais à mon oncle

Filoselle, le bonnetier... que je porte dans mon cœur, avec une croûte dorée!... Enfin je te revois et j'oublie tout.

SUZETTE.

Moi aussi, mais va-t'en.

SÉRAPHIN.

Comment!... va-t'en! C'est ainsi que tu revois un pays? un amant qui vient de faire vingt lieues en plein soleil pour se rapprocher de toi, et pour acheter son fourniment; car tu ne sais pas, aux élections d'officiers, j'ai été nommé caporal dans la garde nationale de Pithiviers.

SUZETTE.

A la bonne heure..... mais mon maître, M. Patoulet, vient d'être nommé commissaire de police... Lui, il est défiant par état, il n'aime pas que je cause avec les jeunes gens, et s'il m'apercevait... justement qu'il attend son café... Va-t'en vite.

SÉRAPHIN.

Comment! quand j'arrive... (*La regar-*

dant.) Suzette, est-ce que vous auriez renoncé au projet enchanteur de m'épouser... Ah! pas de farces là-dessus, je vous en prie... j'ai payé ma place à la diligence Lafitte et Cagnard, 7 fr. 50 c. à cause du rabais... Je ne les regrette pas, si vous êtes fidèle... mais vous sentez que s'il faut encore payer le retour..... et m'en aller tête-à-tête avec mon fourniment...

SUZETTE.

Et mon Dieu! tu sais bien que je t'aime toujours... mais je dépends de ma marraine, Mme Patoulet, la meilleure femme du monde, qui ne fait qu'les volontés de M. Patoulet, et M. Patoulet ne veut pas que je me marie.

SÉRAPHIN.

A cause?

SUZETTE.

Dame! il dit que quand on est marié, on n'est plus bon à rien... Voilà ses principes.

SÉRAPHIN.

Il faut qu'il y ait quelque autre raison... et

je soupçonne... Eh bien! mamzelle, vous rougissez... qu'est-ce qu'il y a donc?... Je veux tout savoir ; je ne quitte plus ce quartier-ci.

SUZETTE.

Et M. Filoselle ?

SÉRAPHIN.

J'irai le voir demain!... l'amour avant les bonnets de coton... d'ailleurs, ce n'est pas lui qui m'attend, c'est Mme Filoselle, ma tante, qu'est venue me chercher à Pithiviers, pour être leur garçon de boutique... une surprise qu'elle ménage à son mari pour sa fête... elle veut voir s'il me reconnaîtra... il m'a pas vu depuis l'âge de deux ans... Je suis parti de Pithiviers avant elle ; ainsi j'ai le tems..... D'ailleurs s'ils me tenaient une fois, ils ne me lâcheraient plus... et je veux veiller sur toi, me loger près d'ici... (*Il lève les yeux.*) Tiens! justement, Mme Dufour, jolis petits appartemens meublés de garçon... Mme Dufour... Mme Dufour?

SUZETTE.

Oui, une veuve de Pithiviers.

SÉRAPHIN.

Ah! je la connais... comme ça se rencontre! Elle pourra me rendre service... Vous, Suzette, signifiez à votre bourgeois que vous avez trouvé un parti sortable, un jeune homme bien élevé, d'un physique analogue, et que vous voulez vous marier.

SUZETTE.

Mais...

SÉRAPHIN.

Où est votre chambre?

SUZETTE, *montrant le balcon à droite.*

Au-dessus de ce balcon.

SÉRAPHIN.

Je serai dessous, à la nuit tombante... et s'il refuse, je vous enlève.

SUZETTE.

Mais écoutez donc.

SÉRAPHIN

Je n'écoute rien, je renverse tous les obstacles... (*Il l'embrasse.*)

SUZETTE, *se débattant.*

Eh mon Dieu! il renverse le café de not' maître... et le voilà lui-même.

SÉRAPHIN, *s'élançant dans l'hôtel garni.*

Ouf!... je me sauve.

SCÈNE II.

SUZETTE, PUIS PATOULET.

PATOULET.

Suzette, Suzette!

SUZETTE, *dans la position où Séraphin l'a laissée, et n'ôsant bouger de peur de renverser le reste du café.*

Là, il y en a au moins la moitié par terre.

PATOULET, *sa serviette à la boutonnière.*

Suzette!... Cette petite fille est inconcevable!..... Me faire prendre mon café une heure après le dessert.

SUZETTE, *sans bouger*.

Eh bien! v'la que j'ai tout renversé!..... c'que c'est que d'me presser!

PATOULET.

Te presser!....... quand c'est moi qui attends.

SUZETTE.

Dame!... ces garçons n'en finissent pas!... ça n'est jamais assez chaud.

PATOULET.

C'est pour cela qu'il est à la glace!... (*Lui pinçant le bras.*) Petit lutin, tu abuses de ma bonté... Au moins as-tu envoyé chez la frangière, pour mon écharpe tricolore?

SUZETTE.

Oui, monsieur... j'y ai envoyé Flamèche.

PATOULET.

L'allumeur du quartier..... ton commissionnaire ordinaire?... il va nous faire encore quelque gaucherie.

SUZETTE.

Ah! c'est un si brave homme!

PATOULET.

Oui, mais il a la rage de vouloir tout deviner, et il devine toujours de travers... Allons, décidément ce café n'est pas prenable... Rentre tout cela, je m'en passerai aujourd'hui. (*Donnant sa serviette à Suzette.*) Tiens, et apporte-moi mon chapeau. (*Lorgnant les fenêtres en face.*) Eh mais! ma jolie voisine, la maîtresse de l'hôtel garni, tarde bien à paraître à sa croisée... ce matin encore, je lui ai lancé une œillade qui certainement n'est pas tombée par terre... J'espère qu'elle répondra à mon épitre... je sollicitais une audience particulière... C'est qu'elle est vraiment charmante, très-bien conservée... on voit qu'elle a dû être très-jolie, cette femme-là!...

SUZETTE, *rentrant avec le chapeau de Patoulet,*
à part.

Eh bien! qu'est-ce qu'il a donc à faire

des mines à la maison de Mme Dufour?.....
Est-ce qu'il lui en conte aussi?... Tant mieux
alors, il ne me refusera pas son consentement à mon mariage... et voilà le bon moment. (*Haut.*) Dites-donc, monsieur?

PATOULET, *se retournant brusquement.*

Qu'est-ce que c'est?... Dieu!... cette petite qui m'a remarqué....... quelle imprudence!... Qu'est-ce que tu veux, mon petit loup?

SUZETTE.

A présent que vous v'la une espèce de magistrat, vous devez le bon exemple.

PATOULET.

C'est vrai.

SUZETTE.

Vous ne ferez plus la cour à toutes vos voisines, car ça ferait de jolis escandales.

(*Elle lui donne son chapeau.*)

PATOULET.

Diable!... elle a raison ; je ne peux plus

me permettre d'intriguer dans mon arrondissement. (*Regardant la croisée.*)

Air *du Pot de Fleurs.*

Dépêchons-nous, avec ma belle hôtesse
Il faut, morbleu ! terminer en ce jour,
D'un magistrat la sévère rudesse
   Ne doit point céder à l'amour.
Des bonnes mœurs nous sommes les apôtres,
Et je serai, pour tout concilier,
   Impassible dans mon quartier
   Et sensible dans tous les autres.

J'ai des visites à faire, pour mon entrée en fonctions... le juge-de-paix, rue des Francs-Bourgeois... d'autres autorités... Je ne sais pas quand je serai libre. (*Regardant la fenêtre de Mad. Dufour.*) Mais s'il venait quelque lettre, quelque lettre d'affaire... car je n'en attends pas d'autres..... tu ne la remettrais qu'à moi seul... entends-tu ?... Adieu, Suzette. (*Il sort.*)
(*On entend crier dans la coulisse :* « V'la l'Apollon du Réverbère. »)

SCÈNE III.

SUZETTE, puis FLAMÈCHE.

SUZETTE.

Ah mon Dieu ! c'est ce pauvre Flamèche, que j'avais envoyé aux Messageries, pour s'informer si Séraphin était arrivé..... il ne l'aura pas trouvé... ça lui aura fait faire encore quelque supposition, quelque histoire..... C'est vrai... comme il passe sa vie dans la rue, il faut qu'il s'mêle des affaires de tout les passans.

FLAMÈCHE, *entrant portant sur sa tête la caisse de fer blanc, et la petite lanterne à la main.*

Voulez-vous ben m'laisser tranquille, avec vot' Apollon !

SUZETTE.

Ah ! vous voilà de retour, monsieur Flamèche ?

FLAMÈCHE.

A la bonne heure, au moins vous ne me

donnez pas de sobriquet, vous, mamzelle...
au lieu que les gamins du quartier, ils sont
malhonnêtes comme tout... ils sont toujours
à crier : *Ah! v'la l'Apollon du Réverbère.....
v'la l'Apollon!...* C'est bête, voyez-vous...
parce qu'on a beau t'être d'un physique
agréable, on ne peut pas lutter avec c'cadet-là.

SUZETTE.

Eh bien!... et vot' commission?

FLAMÈCHE.

Je m'en suis tacquitté subito..... c'est-à-dire, sitôt que mon arrondissement z'a été
nettoyé... Me v'là libre maintenant, p'tite
mère, et je n'ai plus que ces deux réverbères
à allumer, vu que je loge à deux pas d'ici.

SUZETTE.

Voyons, voyons, au fait.

FLAMÈCHE, *posant sa lanterne.*

Attendez-donc que je mette là mon atelier... (*Il pose sa boîte et sa lanterne.*) J'ai d'abord été chercher l'écharpe de la part de M. Patoulet..... et je l'ai portée à la petite danseuse.

SUZETTE.

Quelle danseuse donc?

FLAMÈCHE.

Eh bien! mam'zelle Aglaé, de la Porte-Saint-Martin, à qui on a pris la sienne hier et qui s'est plaint à M. le commissaire... J'ai dit : « Tout d'même, pour son entrée en fonctions, il n'a pas été long à la retrouver. »

SUZETTE.

Allons, qu'est-ce que je disais... voilà que ça commence.

FLAMÈCHE.

De là je suis été à la Messagerie, rue du Bouloir, comme vous m'aviez dit, pour savoir si ce petit bonhomme que votre maître attendait de Pithiviers, était arrivé.

SUZETTE.

Le petit bonhomme?

FLAMÈCHE.

Faites donc la mystérieuse, comme si vous ne le saviez pas, eh oui! le petit garçon de M. Patoulet, un gros pâté qui arrive de Pithiviers avec sa nourrice, ce n'est pas une mauviette.

SUZETTE.

Eh! il a dix-huit ans.

FLAMÈCHE.

Il a tant qu'ça, alors ce n'était pas lui, il fallait donc me dire qu'il était sevré.

SUZETTE.

Ça ne regarde même pas M. Patoulet, car c'est...

FLAMÈCHE.

C'est?

SUZETTE.

C'est sa femme qui m'avait chargée de vous envoyer.

FLAMÈCHE.

Oui, oui, j'sais ben, c'est ça qu'vot'

maître n'est pas connu dans ses fredaines, je l'ai encore rencontré ce matin sur son trente et un, il gagnait la rue des Francs-Bourgeois dar! dar!

SUZETTE.

Pour faire une visite au juge-de-paix.

FLAMÈCHE

J'sais ben, j'sais ben, j'n'en dirai rien, ça n'me regarde pas; mais pourquoi qu'il vous empêche de faire une petite établissement, car j'avais des vues sur vous...

SUZETTE.

Vous.... monsieur Flamèche?... c'est ça qu'vous avez encore un bel état pour parler d'mariage...

FLAMÈCHE.

Ah! l'état est assez brillante par elle-même... et si ce n'était que les drogènes nous galopent joliment...

SUZETTE.

Des drogènes?

FLAMÈCHE.

Oui, ils veulent nous enfoncer... mais ça ne prend pas..... c'est comme leurs lampes australes... à quoi que ça sert... c'n'est bon qu'à vous éblouir la vue... mais je leurs y dis : Est-ce que le but de la nature a été qu'il fasse plus clair à minuit qu'en plein jour... si ça avait été là son idée à la nature, nous aurions eu le soleil pendant la nuit... mais elle a ben senti que ça nuisait à l'ordre des choses et que ça enfonçait les allumeurs ; c'te bonne nature ! elle nous a simplement gratifiés de la lune... qu'à une petite lumière douce, pâlotte, agréable à l'œil.... analogue avec celle des réverbères... à la bonne heure, vive la lune !... C'est pas que je dise du mal du soleil... l'un et l'autre sont les doyens de tous les luminaires possibles, et je les respecte... par droit d'ancienneté !... mais n'me parlez pas de vos nouvelles inventions.

SUZETTE.

Mais si c'est économique.

FLAMÈCHE.

Ah ben oui ! je sais bien, les uns vous disent qu'ça économise l'huile, les autres la bougie..... tout ça c'est des économies de bouts d'chandelles...

SUZETTE.

Ah mon Dieu! et moi qui m'amuse à jaser et je n'ai pas ôté mon couvert... Sans adieu, monsieur Flamèche... je vous paierai ces commissions-là avec autre chose, quoique vous les ayez faites tout de travers.

(*Elle rentre.*)

SCÈNE IV.

FLAMÈCHE, *seul.*

C'est ça, v'la toujours ce qu'ils vous disent quand ils veulent vous rabattre quelque chose, car enfin qu'est-ce que c'était que ce petit jeune homme qu'on attendait... elle veut me faire croire que ça regarde madame Patoulet... mais madame Patoulet est une femme respectable, je sais ben que vous me direz qu'il y a des femmes respectables... eh ! eh !... mais moi j'en crois rien ! voyez pourtant comme on est compromis par ses domestiques... elle ne l'a pas fait à mauvaise intention, car elle est gentille, cette petite... douce, propre. (*Il descend son réverbère de droite et le nettoie.*) Et moi qui aime la propreté par dessus tout... mais ce n'est pas encore ce qui me conviendrait... ça n'est pas assez calé pour moi. (*Il nettoie le verre avec un chiffon.*)

Air : *Fafa lironfa.*

Je sais que sa prunelle,
Comme un astre étincelle,
Mais le feu
D'un œil bleu
Fr'a-t-il bouillir le pot-au-feu,
Lironfa
Fa fa,
Çà n' prend pas comme ça,

Faut d'autre huile que ça,
Lironfa !

2ᵉ COUPLET.

Ses dents sont blanch' comm' plâtre,
Mais fuss't-elles d'albâtre,
Qu' font d' bell's dents, entre nous,
Quand on a rien à mettre d'ssous.
(*Même jeu en descendant le deuxième réverbère qu'il nettoie.*)
Lironfa,
Fa fa,
Çà n' prend pas comm' ça,
Faut d'autre huile que ça,
Lironfa.

UNE VOIX, *en dehors.*

Hoé ! Hoé ! l'allumeur, range-toi donc !

FLAMÈCHE, *sans se déranger.*

Tiens ! le cabriolet jaune, fait-il ses embarras..... on voit bien qu'il n'est pas à l'heure !

LE COCHER, *en dehors.*

Allons donc, animal.... tu barres le passage !

FLAMÈCHE.

Animal ! eh bien ! tu ne passeras pas.... j'suis à mon devoir, entends-tu...

LE COCHER, *faisant claquer son fouet.*

Garre donc !

FLAMÈCHE.

Ah ! n'fais pas claquer ton fouet... il est six heures...... tes lanternes n' sont pas allumées... t'es fautif, et tu peux t'être à l'amende, je n'ai qu'à appeler le corps-de-garde.

FILOSELLE, *en dehors.*

Cocher, cocher! je veux descendre ; voilà votre course.

FLAMÈCHE.

C'est bien fait, v'là son bourgeois qui le plante là ? C'est que si on n'avait pas du caractère, c'te canaille-là vous passerait sur l'corps d'un fonctionnaire public comme sur une borne !...

SCÈNE V.

FLAMÈCHE, FILOSELLE.

FILOSELLE, *se heurtant le pied à la boîte de Flamèche.*

Diable ! vous barrez la rue avec votre boîte.

FLAMÈCHE, *laissant son réverbère à moitié nettoyé.*

Eh ! c'est M. Filoselle, le bonnetier de la rue des Francs-Bourgeois !... Comment ! c'est vous qui étiez dans le cabriolet jaune?

FILOSELLE.

Oui, mon ami... et c'était bien la peine; je l'avais pris pour ne pas me crotter..... et en s'en allant, il vient de m'éclabousser de la tête aux pieds.

FLAMÈCHE.

Ah mon Dieu! c'est vrai..... comme il vous a arrangé, jusqu'à votre cravate... Et où couriez-vous donc comme ça?

FILOSELLE.

Ah! mon ami!... un événement... imagine-toi que j'étais parti il y a quatre jours, pour une affaire de commerce, une pacotille de faux molets, qu'on m'offre à 50 pour cent de diminution... ça m'allait très-bien... Je reviens chez moi, et je m'aperçois que j'ai été volé.

FLAMÈCHE.

Sur vos molets?...

FILOSELLE.

Non, non, d'abord ma montre que je ne trouve plus.

FLAMÈCHE.

Diable!

FILOSELLE.

Une répétition...

FLAMÈCHE.

Comment! c'est la seconde fois qu'on vous la vole!

FILOSELLE.

Non, je te dis..... une montre à répétition!..... et puis encore un autre désagrément... j'ai perdu ma femme.

FLAMÈCHE.

Madame Filoselle serait morte?

FILOSELLE.

Non, je me flatte qu'elle n'est qu'égarée.

FLAMÈCHE.

Est-ce qu'on vous l'aurait volée aussi?

FILOSELLE.

Ma foi! je le croirais.

AIR : *Qu'il est flatteur d'épouser celle.*

Grand Dieu! moi qui l'ai tant aimée!
Je trouve, ô funeste destin!
Visag' de bois, porte fermée,
Pas plus d' femme que sur ma main;

Sans rien dire ell' s'est mise en route,
Je te le demande, pourquoi?

FLAMÈCHE.

Pour vous faire enrager, sans doute.

FILOSELLE.

Ell' n'avait qu'à rester chez moi.

FLAMÈCHE.

Il est sûr que deux vols comme ceux-là, doivent éveiller l'attention de la justice.....
Et comment vous êtes-vous aperçu que vot' femme?...

FILOSELLE.

Je m'en suis aperçu que ça m'a crevé les yeux, quand je suis arrivé ce matin... Elle n'y était pas... je me suis informé... la fruitière m'a dit que le jour de mon départ je n'avais pas eu plus tôt le dos tourné, qu'elle avait fait venir une citadine, et qu'elle avait dit au cocher : « Aux Messageries royales. »

FLAMÈCHE.

Elle est donc partie?

FILOSELLE.

J'en ai peur.

FLAMÈCHE.

Diable !..... on dit qu'elle est jolie votre femme?

FILOSELLE.

Elle est agréable.

FLAMÈCHE, *secouant la tête.*

Hein !..... quatre jours d'absence du domicile conjugal.

FILOSELLE, *de même.*

Hein !...

FLAMÈCHE, *à part.*

Oh! quelle idée !..... M. Patoulet que j'ai vu justement ce jour-là en citadine, et que j'ai rencontré aujourd'hui rôdant dans la rue des Francs-Bourgeois.

FILOSELLE.

Qu'est-ce que tu dis?

FLAMÈCHE.

Rien.

FILOSELLE.

Est-ce que tu aurais quelque idée?

FLAMÈCHE.

Du tout.

FILOSELLE.

Et te douterais-tu de la personne?

FLAMÈCHE.

Pas le moins du monde.

FILOSELLE.

Eh bien! mon ami, nous sommes d'accord sur tous les points, heureusement que M. Patoulet est mon ami intime, et...

FLAMÈCHE.

Votre ami intime?..... (*A part.*) Plus de doute!... c'est lui qui a fait le coup.

FILOSELLE.

Et puisqu'il est commissaire, je vais lui porter ma plainte.....
(*Il fait un mouvement pour entrer chez Patoulet.*)

FLAMÈCHE.

Ne vous donnez pas la peine... il n'y est pas. (*A part.*) Et c'est à lui qu'il allait conter... (*Regardant Filoselle.*) Malheureux individu !... fatal aveuglement !

FILOSELLE.

Il n'y est pas... c'est égal, je vais mettre toute la justice sur pied... et si je suis volé, si ma femme m'a trompé... je veux qu'on le sache..... parce que je n'entends pas qu'on me montre au doigt.

Air : *Courons aux Prés St.-Gervais.*

Chez le juge et l'procureur,
Je cours dans l'ardeur qui m'enflamme,
Je fais prendre le voleur,
Et punirai le séducteur !
Oui, d'une pareille trame
Mon amour se vengera,
Et puisqu'il a pris ma femme,
Il la gard'ra.

ENSEMBLE.

FILOSELLE, FLAMÈCHE.

Chez le juge, etc.

FLAMÈCHE.

Chez le juge et l' procureur
Courez dans l' zèle qui vous enflamme,
Faites prendre le voleur
Et renfermer le séducteur.

(*Filoselle sort.*)

SCÈNE VI.

FLAMÈCHE, *seul*.

Qu'elle affaire !... qu'elle affaire !... Une montre, une femme... Y n'y a donc plus rien de sacré... La montre, je ne dis pas, c'est sujet à se déranger... Mais une femme, une mère de famille !... Tiens, à propos, est-ce une mère de famille ?... Je n'y ai pas demandé si elle avait des enfans... Oh ! ça doit être... Quelle horreur !... abandonner de pauvres innocens!..... Et dire que c'est un commissaire de police qui met lui-même le trouble dans les familles!....... Dieu de Dieu!... je ne veux rien dire... mais ça n'est pas beau, et ça peut le mener loin.

(*Il achève de nettoyer son réverbère.*)

SCÈNE VII.

FLAMÈCHE, SÉRAPHIN, *sortant de la petite cour de l'hôtel garni.*

SÉRAPHIN, *une lettre à la main et à la cantonade.*)

Eh bien! vous me ferez plaisir de garder mon sabre en attendant le reste.

FLAMÈCHE, *à part.*

Son sabre!... qu'est-ce que c'est que cette petite individu?

SÉRAPHIN, *à part.*

Comme ça se trouve... Cette madame Dufour... quelle brave femme! elle m'en a appris plus que je n'en voulais savoir... Il paraît que ce M. Patoulet est un séducteur de profession..... Il lui en contait à elle-même..... Heureusement qu'il attend une réponse de madame Dufour... la v'la, avec la clef de c'te petite porte, et si M. le commissaire peut mordre à l'hameçon, je verrai Suzette tout à mon aise.

FLAMÈCHE, *à part.*

Il m'semble qu'il a parlé de M. le commissaire.

SÉRAPHIN, *à part.*

Mais comment nous y prendre?

FLAMÈCHE, *à part.*

Il se promène, il observe... Il a dit : gardez mon sabre..... C'est un gendarme déguisé, je vois ce que c'est... la justice est déjà saisitte de l'affaire... on guète le voleur de la montre... et le commissaire qui ne va pas se trouver à son poste... ça va faire du propre.

SÉRAPHIN, *à part.*

Il s'agit de lui faire remettre ce billet que je viens d'écrire... Si j'en chargeais la boîte aux mèches. (*Haut.*) Dites-donc, l'ami, sauf votre respect, n'est-ce pas ici que demeure la maison de M. Patoulet?

FLAMÈCHE, *à part.*

Nous y v'la... (*Haut.*) Oui, monsieur le gendarme.

SÉRAPHIN.

Monsieur l'gendarme!...

FLAMÈCHE.

Ah! pardon, j'voulais dire..... monsieur le garde municipal..... l'habitude..... vous voudriez parler à M. l'commissaire?

SÉRAPHIN.

Non, c'est un papier à lui remettre.

FLAMÈCHE.

J'entends... le signalement de l'individu.

SÉRAPHIN.

C'est tout bonnement une lettre pour

M. Patoulet... vous chargez-vous de la lui remettre en secret?

FLAMÈCHE.

En secret?... est-ce que ça serait...

SÉRAPHIN.

D'une femme?... oui.

FLAMÈCHE.

D'une femme?..... tiens!... est-ce que la gendarmerie fait ce service-là à présent?:... Donnez, il l'aura..... (*A part.*) Ah mon Dieu! c'est d'Mme Filoselle..... (*Haut.*) Mais dites à la personne qu'elle se tienne bien cachée... on la cherche.

SÉRAPHIN, *effrayé.*

Comment! on la cherche.

FLAMÈCHE, *à part. Il lui passe la lanterne devant la figure en prenant la lettre.*

Il n'a pas seulement de barbe au menton... Oh! quel soupçon!... Dites-donc... dites-donc... (*A demi-voix.*) J'ai eu tout-à-l'heure l'honneur de voir M. Filoselle.

SÉRAPHIN, *troublé.*

M. Filoselle?... est-ce qu'il est encore par ici?... je ne veux pas qu'il me voie.

FLAMÈCHE, *à part.*

Je le crois bien... (*Haut.*) Vous le connaissez?...

SÉRAPHIN.

M. Filoselle le bonnetier?... pardi! c'est mon...

FLAMÈCHE.

Silence!..... imprudent!..... vous vous perdez!...

SÉRAPHIN.

Eh bien?...

FLAMÈCHE, *à part.*

Elle s'est trahite!..... C'est Mme Filoselle déguisée en homme..... Dieu! la passion!

SÉRAPHIN, *à part.*

Ah çà! il est fou, l'allumeur...(*Haut, et lui donnant de l'argent.*) Il faut faire un sacrifice... tenez, v'la dix sous... mais au moins je puis compter que cette lettre lui sera remise?...

FLAMÈCHE.

Oui, madame...

SÉRAPHIN.

Madame! gendarme!..... est-ce qu'il se moque de moi?

FLAMÈCHE, *d'un air intelligent.*

Ne craignez rien ; je suis au courant de l'affaire... vous sentez ben qu'il n'ma fallu qu'un coup-d'œil... (*A part.*) Elle n'est pas mal du tout, cette petite femme-là... (*Haut.*) Au reste, vous pouvez compter que la discrétion..... la prudence et l'oscurité la plus profonde... c'est mon fort.

Air *du Calife.*

Vot' époux peut monter sa garde,
Toujours motus sur ce qui r'garde
Assez d' gens qui peign't tout en noir,
Bavard'nt sur tout, croy'nt tout savoir ;

Jaser n'est pas mon ordinaire,
Je m' renferm' dans mon réverbère ;
C'est mon métier, chacun le sien ;
Moi, j'éclaire, et je ne vois rien.

SÉRAPHIN, *à part.*

Si je sais ce qu'il veut dire... mais n'importe, le bourgeois aura ma lettre... Allons nous mettre en sentinelle, et dès qu'il sera pincé... à l'escalade. (*Il sort.*)

FLAMÈCHE, *seul.*

Elle porte très-bien l'habit d'homme !... et une jolie tournure... il paraît qu'elle s'est logée dans les environs pour être plus près du commissaire... Oh ! sexe enchanteur et volage, va !... et c'pauvre Filoselle qui la cherche aux Messageries royales..... tandis que..... Ah bien ! ce M. Patoulet en fait trop, aussi il en fait trop... Justement... le v'la lui-même.

SCÈNE IX.

FLAMÈCHE, PATOULET.

PATOULET.

Là! je viens de faire mes visites..... et puisque Mme Dufour ne me répond pas, faisons le fier aussi, et tâchons de décider cette petite Suzette à renoncer à ses idées ridicules de mariage.

FLAMÈCHE, *au moment où il va descendre le réverbère.*

St, st..... dites-donc, monsieur le commissaire.

PATOULET.

Ah! c'est toi... qu'y a-t-il donc?

FLAMÈCHE.

Une lettre pour vous, qu'on m'a dit de vous remettre en secret... Vous vous doutez bien de qu'est-ce?

PATOULET.

Du tout!... (*L'ouvrant.*) C'est sûrement

de Mme Dufour!..... oh! bonheur inattendu!...

FLAMÈCHE, *d'un air mystérieux.*

Elle me l'a remise elle-même.

PATOULET.

Vraiment?

FLAMÈCHE.

En mains propres.

PATOULET, *lisant bas.*

Lisons vite... « Impossible de vous résis-
» ter... » Aimable femme!... « Je me flatte
» que vous n'abuserez pas..... » Ah!..... «Ce
» soir... dans la petite cour... près du réver-
» bère, à la nuit tombante..... la porte qui
» donne sur le carrefour s'ouvrira pour vous.»
Dieux!... Je m'y rends à l'instant, ce n'est
point à moi de me faire attendre..... Mais
j'y songe... la clarté pourrait me trahir...
(*Haut.*) Flamèche!...

FLAMÈCHE.

Monsieur le commissaire?

PATOULET.

Tu n'allumeras pas les réverbères par ici.

FLAMÈCHE.

Bah !... et si l'inspecteur venait à passer ?

PATOULET.

Ne crains rien, je prends tout sur moi, et je te donne pleine lune.

FLAMÈCHE.

Merci, monsieur le commissaire... Alors c'est dit..... (*D'un air entendu.*) Vous avez donc besoin de l'obscurité ?

PATOULET.

Sans doute..... une expédition très-délicate... une saisie à faire dans cette maison.

FLAMÈCHE.

Oui, une saisie !... je sais ce que c'est.

PATOULET.

Et surtout pas un mot.

AIR : *Goûtons sans bruit.*

Voici l'instant... près d'une aimable belle
Je ne crains plus désormais de jaloux ;

Sachons, lorsque l'amour m'appelle,
Être fidèle au rendez-vous.

ENSEMBLE.

PATOULET, SÉRAPHIN.

PATOULET.

Voici l'instant, etc.

SÉRAPHIN, *dans le fond.*

Voici l'instant, etc.

FLAMÈCHE, *à son réverbère.*

Voici l'instant, il va rejoindr' sa belle,
Loin des regards de son époux;
Oh! trop malheureux Filoselle,
Si tu savais le rendez-vous.

(*Patoulet entre; Séraphin l'enferme et prend la clé.*)

SCÈNE X.

FLAMÈCHE, SÉRAPHIN.

SÉRAPHIN, *à part.*

Maintenant je le tiens... il peut se morfondre là toute la nuit.

FLAMÈCHE.

C'est très-joli pour un commissaire!... et puis on dira que la police est mal faite.
(*Séraphin se cache derrière une des colonnes qui soutiennent le balcon.*)

SCÈNE XI.

FLAMÈCHE, FILOSELLE, puis SÉRAPHIN.

FLAMÈCHE.

Qui vife!...

FILOSELLE.

C'est moi... n'ayez pas peur!

FLAMÈCHE.

Ah! c'est vous, monsieur Filoselle..... j'allais courir chez vous... Eh bien! dites-donc... votre femme n'est pas perdue...

FILOSELLE.

Pardi!... je le sais bien... je viens de la retrouver chez moi.

FLAMÈCHE, *étonné.*

Chez vous?... vot'femme?

FILOSELLE.

Oui.

FLAMÈCHE.

Ah! elle est revenue!..... Vous avez été bien étonné de la voir en homme?

FILOSELLE.

Comment! en homme!...

FLAMÈCHE.

Elle était en femme?..... (*A part.*) C'est juste!... elle avait changé... et il ne se doute de rien, le brave homme. (*Haut.*) Quand je vous disais que vous aviez tort d'accuser Mme Filoselle... il y a toujours des gens qui sont prêts à mal penser.

FILOSELLE.

Ah! mon ami! d'autant plus tort, que cette pauvre femme n'était partie que pour me faire une surprise pour ma fête.

FLAMÈCHE.

Ah ! elle vous a dit ça... (*A part.*) Il fallait bien qu'elle dît quelque chose.

SÉRAPHIN, *à part.*

Il faut pourtant que je me décide.
(*Il monte au balcon.*)

FILOSELLE.

Oui, mon cher ami..... un neveu à moi qu'elle a été chercher elle-même à Pithiviers...pour être notre garçon de boutique... Une attention !... Elle trouve que je me fais un peu vieux..... Mais à présent, ce diable de neveu qui est perdu à son tour !... il est parti avant elle parce qu'il n'y avait qu'une place aux Messageries... Elle, elle est venue par le Petit-Musc, et n'a pas entendu parler de Séraphin.

FLAMÈCHE, *à part.*

Lui en a-t-elle fait des ragots..... et il a cru tout ça...Au fait, ça vaut mieux...j'aime mieux qu'il le croie... (*Haut.*) Enfin vous v'la tranquille sur vot'femme !...

FILOSELLE.

C'est ce que je venais dire à mon ami Patoulet, en le priant de ne s'occuper que de ma montre.

FLAMÈCHE.

Votre montre?... elle est donc toujours volée?...

FILOSELLE.

Toujours!...

FLAMÈCHE.

Ah! j'y suis maintenant.

FILOSELLE.

Comment?

FLAMÈCHE.

Vous avez envoyé votre plainte au commissaire?

FILOSELLE.

Sans doute.

FLAMÈCHE, *à part.*

Alors décidément c'était un gendarme... un jeune gendarme... un surnuméraire.

FILOSELLE.

Eh bien?

FLAMÈCHE, *montrant l'hôtel garni.*

Soyez tranquille... vot'voleur est là!

FILOSELLE.

Bah!

FLAMÈCHE.

M. Patoulet est en train de l'arrêter.

FILOSELLE.

Déjà?

FLAMÈCHE.

Pardi!... il me l'a bien dit... une expédition délicate... une saisie à faire...

FILOSELLE.

Est-ce qu'il est tout seul?

FLAMÈCHE.

Absolument... c'est un lion pour le courage!...

FILOSELLE.

Et si notre homme avait des complices... qu'il fît résistance?

FLAMÈCHE.

Ils sont capables de l'égorger... ces hôtels garnites sont de vrais antres mal composés... je ne voudrais pas y co-habiter.

(*Séraphin éternue.*)

FLAMÈCHE.

Dieu vous bénisse.

FILOSELLE.

Tout ce que vous pouvez désirer.

SÉRAPHIN.

Merci.

FLAMÈCHE et FILOSELLE.

Il n'y a pas de quoi. (*Ils écoutent.*)

FILOSELLE.

Je n'entends rien.

FLAMÈCHE.

C'est effrayant.

FILOSELLE.

Ah mon Dieu!... que faire?...

FLAMÈCHE.

Il n'y a qu'un moyen... Vous ne pouvez

pas abandonner ce pauvre M. Patoulet qui se dévoue pour vous..... allez vite chercher la garde.

FILOSELLE.

La garde !

FLAMÈCHE.

C'est là, à deux pas d'ici.

FILOSELLE.

C'est dit... j'y cours... faut éclaircir tout ça... et vous, pour commencer, il faut allumer vos réverbères.

FLAMÈCHE.

Mais M. le commissaire me l'a défendu.

FILOSELLE.

Parce qu'il ne savait pas qu'il y aurait du danger.

FLAMÈCHE.

Il suffit... moi, je ne perds pas la maison de vue... comme ça... il ne nous échappera pas.

(Filoselle sort en courant ; Flamèche lui montre le chemin de loin.

SCÈNE XII.

SÉRAPHIN, FLAMÈCHE.

SÉRAPHIN, *écoutant*.

Hein?... la garde... serait-ce pour moi?.. et cette Suzette qui ne m'entend pas... j'ai beau frapper à la fenêtre.

FLAMÈCHE, *revenant*.

Comme j'ai mené ça chaudement..... M. le préfet n'se doute pas que l'Apollon du Réverbère veille aussi à la salubrité publique....... Au fait, M. Filoselle a raison ; pour faire une arrestation, faut y voir clair... parce que quand la justice va à tâtons, elle donne dans le pot au noir..... comme un simple particulier!... Allumons vite. (*Il allume le réverbère du commissaire.*) Il y a des occasions... où il faut que l'intelligence naturelle supplée.... et puis ça prouvera mon zèle à M. le commissaire.

(*Il remonte le réverbère.*)

SÉRAPHIN, *à part.*

Allons, le v'là qui allume à présent.

FLAMÈCHE.

D'ailleurs... je ne serai pas fâché de voir la figure du voleur...

SÉRAPHIN, *à part.*

Eh bien! si l'on m'apercevait....., non-seulement je perds Suzette de réputation, mais je m'expose à quelque aventure plus désagréable encore.

FLAMÈCHE, *regardant son réverbère.*

Comme ça brille... j'vous d'mande un peu si tous leurs drogènes peuvent entrer en comparaison... et quand il y en aura deux.

(*Il va à l'autre réverbère.*)

SÉRAPHIN.

Dieu!... me voilà illuminé de la tête aux pieds... ma foi!... il n'y a pas à hésiter.

(*Il s'avance de côté, ouvre le réverbère qui est à sa portée et le souffle.*)

FLAMÈCHE, *allumant l'autre en chantant.*

Allumons, chaud, chaud, allumons...
(*Il se retourne et voit son réverbère éteint.*)
Eh bien!... qu'est-ce que ça veut dire..... le v'là qui expire... c'est pourtant de l'huile épuratif... c'est peut-être un reste de la grande ouragan d'avant-z'hier.

(*Il remonte le deuxième réverbère, et retourne au premier qu'il rallume.*)

SCÈNE XIII.

LES MÊMES, PATOULET, *paraissant sur le mur de l'autre côté.*

PATOULET, *à part.*

C'est une mystification... voilà une heure que je me morfonds dans cette petite cour... sans voir paraître Mme Dufour; et la porte qui s'est refermée toute seule à double tour!

FLAMÈCHE, *remontant son réverbère.*

Ah ben!..., ah ben !... si les réverbères

ne se montrent pas plus que ça... ils sont flambés.

PATOULET, *sur le mur.*

Ah mon Dieu! et cet imbécile qui allume malgré mes ordres; si on me reconnaît... quel scandale !..... Il va faire clair comme en plein jour.... Il n'y a qu'un moyen. (*Il souffle le réverbère.*)

FLAMÈCHE, *se retournant.*

Là! encore un..... (*Séraphin souffle encore le réverbère; se retournant de l'autre côté.*) Tiens, en v'là deux à présent... Est-ce qu'il y aurait encore une révolution... c'est vrai, ces malheureux réverbères en est toujours les premières victimes !.... (*Il aperçoit Séraphin.*) Ah mon Dieu! qu'est-ce que je vois là sur le balcon... c'est le voleur de la... qui se sera sauvé par ici..... la peur me prend...

SÉRAPHIN, *lui faisant signe de se taire.*

Chut !.. chut donc...

L'APOLLON DU RÉVERBÈRE,

FLAMÈCHE, *se retourne et aperçoit Patoulet.*

Miséricorde!... encore un!.. en... core... un!..

PATOULET, *bas.*

Tais-toi donc... c'est moi.

FLAMÈCHE, *hors de lui et criant.*

Ils sont une bande!... au voleur!... au voleur!... à la garde!

SUZETTE, *paraissant sur le balcon.*

Quel tapage!... qu'est-ce qu'il y a donc? (*Elle aperçoit Séraphin et jette un cri.*) Ah!

SCÈNE XIV.

Les Mêmes, SUZETTE, *sur le balcon.*

SÉRAPHIN, *bas à Suzette.*

Chut... cache-moi vite, ou je suis perdu...

SUZETZE, *tremblante.*

Ah mon Dieu!

FILOSELLE, *derrière le théâtre.*

On a crié à la garde... venez vite... ils sont aux prises!

LA PATROUILLE.

Voilà !...

(*Suzette fait entrer Séraphin dans la maison.*)

PATOULET, *sur le mur*.

Une patrouille... et mon échelle qui vient de tomber... impossible de descendre d'aucun côté... Dieu ! quelle aventure.... pour un magistrat ! et mon jour de début.

SCÈNE XV.

Les Mêmes, la patrouille, FILOSELLE.

LE CAPORAL, *à deux soldats*.

Courez !... courez !... j'ai vu un homme passer de ce côté.

(*Deux soldats sortent par le fond.*)

FILOSELLE.

Monsieur le caporal !.... c'est là... eh ! tenez, je ne me trompe pas... il y a un homme sur ce mur.

PATOULET.

Je suis mort !

LE CAPORAL.

Effectivement ! qui vive ! Qui vive ! en joue !...

PATOULET.

Ne tirez pas !

LE CAPORAL.

Eh bien ! descends, coquin ! descendras-tu ?

PATOULET, *à demi-voix.*

Je ne peux pas.

LE CAPORAL, *à deux soldats.*

Aidez-le à descendre. En face de la maison du nouveau commissaire ! c'est avoir de l'effronterie.

UN SOLDAT.

Qu'allons-nous en faire ?...

LE CAPORAL.

Il faut le conduire à la Préfecture.

PATOULET, *à part.*

Je suis perdu !

UN SOLDAT.

Sans aller si loin, il n'y a qu'à le conduire chez le commissaire.

LE CAPORAL, *frappant à la porte du commissaire.*

Monsieur le commissaire! monsieur le commissaire! ouvrez donc! il faut verbaliser.

SUZETTE, *en dedans.*

Portier! tirez le cordon.

LE CAPORAL.

Allons, entre à l'instant chez M. le commissaire.

PATOULET.

Me faire rentrer chez moi, c'est tout ce que je demandais... je suis sauvé.

LE CAPORAL.

Allons, marche, coquin... passe devant... et nous te suivons.

(*Les soldats forment une haie; Patoulet entre dans la maison, et referme la porte sur le nez du caporal, qui voulait le suivre.*)

Nous laisser dans la rue... au secours !... au secours !... à la garde !

FILOSELLE.

Allons, v'là la patrouille qui crie à la garde !

LE CAPORAL,

C'est vrai, je n'y pense pas... (*Frappant.*) Ouvrez..... le voleur est chez le commissaire.

SUZETTE, *paraissant sur le balcon.*)

Mais quel tapage... que voulez-vous donc ?

TOUS.

Le commissaire !

SUZETTE.

Il n'y est pas !

TOUS.

Le greffier du commissaire !

SUZETTE.

Il n'y est pas !

TOUS.

La bonne du commissaire !

SUZETTE.

C'est moi, qui vous dis que monsieur est sorti, et qu'il n'y a personne à la maison.

TOUS

Il y a un voleur !

SUZETTE.

Ah mon Dieu !... un voleur..... et moi qui suis toute seule... Ouvrez !.., ouvrez !

PATOULET, *sur le balcon, en robe de chambre et en bonnet de coton.*

Qu'est-ce que c'est... qu'est-ce que c'est ? d'où vient ce bruit ?

SUZETTE, *étonnée en le voyant.*

Ah mon Dieu ! d'où sort-il donc ?...

LE CAPORAL, *à Suzette.*

Qu'est-ce que vous disiez ?.., je savais bien qu'il y était M. le commissaire... Pardon, excuse, monsieur Patoulet ; vous avez passé une bonne nuit, monsieur Patoulet ?

PATOULET.

Parbleu ! vous me réveillez en sursaut.

LE CAPORAL.

Air : *Je suis un chasseur plein d'adresse.*
C'est un voleur que l'on arrête.

PATOULET.

Ne le lâchez pas, caporal...

LE CAPORAL.

Il m'a fait un' bosse à la tête.

PATOULET.

Qu'on la mette au procès-verbal...

LE CAPORAL.

Mais dans vot' maison il s'échappe.

PATOULET.

Il faudra bien qu'on le rattrape.

LE CAPORAL.

Entrez, vous autr's et qu'on le happe.

PATOULET.

Craignez quelque nouvelle tape...
Avancez à pas mesurés,
Cherchez tant que vous le voudrez,
Cherchez bien, vous le trouverez.

(*L'orchestre joue l'air:* va-t'en voir, *etc. ; les soldats entrent, Patoulet disparaît de la fenêtre.*)

SCÈNE XVI.

Les Mêmes, FLAMÈCHE, *amené par la garde.*

LE CAPORAL.

Ah ! voilà sans doute le complice ; qui êtes-vous ?

FLAMÈCHE.

Monsieur je suis connu... c'est moi que je suis Flamèche...l'Apollon du Réverbère.

LE CAPORAL.

Pourquoi te sauvais-tu ?

FLAMÈCHE.

Pour aller chercher du secours !... je suis témoin qu'on a volé à M. Filoselle..... une montre à répétition, une montre superbe, garnite en diamans.

SCÈNE XVII.

Les Mêmes, PATOULET, *entrant en scène.*

LE CAPORAL, *à Flamèche.*

Eh bien ! c'est toi qui es cause de tout

ce qui arrive ce soir... pourquoi n'as-tu pas allumé ? réponds à M. le commissaire.

PATOULET, *à part.*

Au fait, il faut que je remplisse ma charge. (*Haut.*) Oui, réponds, coquin ! pourquoi n'as-tu pas allumé ?

FLAMÈCHE.

Coquin ! mais vous savez bien, monsieur le commissaire, que vous m'avez dit...

PATOULET, *lui mettant un écu de cinq francs dans la main.*

(*Haut.*) Réponds, te dis-je. (*Bas.*) Réponds toujours comme moi... voilà cinq francs.

FLAMÈCHE, *regardant la pièce.*

Oui, monsieur le commissaire.

PATOULET.

Je t'avais ordonné d'éclairer.

FLAMÈCHE.

Oui, monsieur le commissaire.

PATOULET.

Tu as manqué à ton devoir.

FLAMÈCHE.

Oui, monsieur le commissaire.

PATOULET.

Tu es un misérable!...

FLAMÈCHE.

Oui, monsieur le commissaire.

PATOULET.

Tu mériterais que je te fisse passer un mois à l'ombre.

FLAMÈCHE.

Oh! monsieur le commissaire.

PATOULET.

Mais je veux être indulgent; je te pardonne.

FLAMÈCHE.

Ah!

PATOULET.

Et te condamne à 5 francs d'amende, que tu vas payer de suite, et tu allumeras.

LE CAPORAL.

Allume!...

FLAMÈCHE, *à part.*

Ah bien!... c'est trop fort!...

LE CAPORAL, *à part.*

Air *de l'Écu de Six Francs.*

Ça doit faire un bon commissaire.
(*A Flamèche.*)
Allons, allons, paie à l'instant.

FLAMÈCHE.

Oui, mais l'amende est par trop chère.

LE CAPORAL, *lui prenant les cinq francs de la main.*

Voilà qu'il les tient justement.

FLAMÈCHE.

Grand Dieu! quel guignon est le nôtre!
La justic', c'est un fait certain,
Ne donne jamais d'une main
Que quand ell' peut r'prendre de l'autre.

SCÈNE XVIII.

LES MÊMES, UN SOLDAT, PUIS SÉRAPHIN, *amené par des soldats.*

LE SOLDAT.

Monsieur le commissaire! monsieur le commissaire!

PATOULET.

Qu'est-ce que c'est?

LE SOLDAT.

Nous le tenons.

PATOULET.

Qui?

LE SOLDAT.

Le fripon que nous cherchions.

PATOULET, *à part.*

Par exemple, ils sont bien habiles!

LE SOLDAT.

C'est un beau jeune homme, il était caché dans votre cabinet de toilette, près de l'appartement de madame Patoulet.

TOUS.

De sa femme!

FLAMÈCHE, *à part.*

Et moi qui disais que c'était une femme respectable; j'avais tort... c'est p'têtre pas le premier.

PATOULET, *à part.*

Ce serait joli pour mon entrée en fonctions... (*On amène Séraphin.*)

SUZETTE, *à part.*

Ah mon Dieu... qu'est-ce que ça va devenir !

FLAMÈCHE.

Tiens ! c'est ce petit rôdeur de tantôt !... qui a voulu se faire passer pour un gendarme. Est-ce que ça serait le voleur ?

PATOULET.

Comment ! jeune homme ! s'introduire la nuit dans une maison honnête !...

SÉRAPHIN.

C'est vous que vous êtes le commissaire ; je vais tout vous conter... mais je voudrais que ce fût en particulier ; je l'aimerais mieux.

PATOULET.

Et moi aussi... éloignez-vous un instant... il a des complices à déclarer.

FLAMÈCHE.

Diable ! moi qui voulais entendre les aveux ! c'est égal... je sais d'avance tout ce qu'il va dire !... un tas de mensonges !

SÉRAPHIN, bas à Patoulet.

Je ne suis point du tout un voleur, mais un amoureux.

PATOULET, à part.

Je m'en doutais.

SÉRAPHIN.

Puisqu'il faut vous l'avouer, mon objet demeure dans cette maison.

PATOULET, à part.

Dieu !

SÉRAPHIN.

J'voulais profiter de l'absence du bourgeois pour faire un p'tit bout de conversation... j'avais grimpé sur le balcon, grâce aux réverbères qui étaient éteints...

PATOULET, à part.

Et c'est moi qui favorisais! (Haut.) Quoi! jeune séducteur !...

SÉRAPHIN.

Je n'ai que des vues honnêtes.

PATOULET.

Des vues honnêtes !... quand elle a un époux respectable !

SÉRAPHIN.

Qu'est-ce que vous dites? un époux respectable.

PATOULET.

Très-respectable.

SÉRAPHIN.

Comment!... Suzette est mariée?...

PATOULET.

Ah! c'est Suzette... mais encore, qui êtes-vous?

SÉRAPHIN.

J'ai des répondans : M. Filoselle mon oncle.

PATOULET.

M. Filoselle? parbleu! nous allons bien voir. (*Haut.*) Monsieur Filoselle!

FILOSELLE.

Qu'est-ce que c'est?

FLAMÈCHE.

On vous appelle pour reconnaître votre montre.

PATOULET.

Tenez!... voilà M. Filoselle.

SÉRAPHIN.

Comment! c'est vous ? pardon si je ne vous reconnais pas... mais il y a si longtems... mais v'là une lettre de ma mère... la sœur de ma tante. (*Il tire une lettre.*)

FILOSELLE, *la prenant.*

Sa mère!... la sœur de sa tante! qu'est-ce qu'il dit donc ?

FLAMÈCHE, *à la patrouille.*

V'là qu'on lui fait exhumer ses papiers...

FILOSELLE, *lisant.*

Ah mon Dieu! c'est lui ! (*A Flamèche.*) C'est bien lui !

FLAMÈCHE, *à la patrouille.*

Pardi ! si c'est lui ! le v'là pincé ; sans moi pourtant... on le laissait échapper.

FILOSELLE.

Comment ! c'est toi ? (*Il l'embrasse.*)

FLAMÈCHE, *stupéfait.*

Eh bien! il embrasse son voleur à présent!... il n'a pas de cœur !

FILOSELLE, à Patoulet.

C'est qu'il faut que je vous dise... (Il lui parle bas.)

PATOULET.

Mais vous ne savez pas que le gaillard est amoureux de la petite Suzette. (Il lui parle bas.)

FILOSELLE.

Alors je crois que le plus simple serait de les marier. (Il lui parle bas.)

PATOULET.

Au fait, pour sauver mon honneur, l'honneur de la magistrature... Suzette !

SUZETTE, s'approchant.

Not' maître ?...

FLAMÈCHE, cherchant à écouter.

Voilà qu'ça s'éclaircit... Nous allons tout savoir.

PATOULET.

Pauvres enfans... c'est bien naturel... ne dis rien, Suzette... silence !...

(Patoulet prend la main de Suzette et la met dans celle de Séraphin.)

PATOULET, *au caporal.*

Monsieur le caporal. (*Il lui parle bas.*) Il n'y a pas de quoi fouetter un chat.

LE CAPORAL.

Comment donc! avec plaisir.... (*Il parle bas à sa patrouille qui dit :*) C'est trop juste!...

FLAMÈCHE.

Dites-moi donc, monsieur le caporal, comment ça s'est arrangé.

LE CAPORAL, *à sa patrouille.*

Demi-tour à droite!... marche!

FLAMÈCHE, *retenant le dernier homme de la patrouille.*

Croiriez-vous, chasseur, que le caporal n'a pas pu me dire comment ça s'était arrangé... mais vous...

LE CHASSEUR.

Laissez-moi donc tranquille.

FLAMÈCHE.

Il paraît qu'ils sont tous au fait.

PATOULET, *bas à Filoselle.*

Ah! dites donc, donnez quelque chose à ce bavard de Flamèche, pour qu'il se taise.

FILOSELLE, *bas.*

J'y pensais. (*Haut.*) L'allumeur !

FLAMÈCHE, *s'approchant.*

Monsieur Filoselle ?...

FILOSELLE, *fouillant dans sa poche.*

Je veux reconnaître ton zèle, mon garçon... tu nous a été bien utile dans tout ça....

FLAMÈCHE, *tendant la main.*

Dame !... j'ai fait ce que j'ai pu... avec le peu de lumières que j'avais... n'y a que vous qui y perdez, monsieur Filoselle, car enfin vot' montre ne s'est pas retrouvée, tout d'même... mais elle n'est pas perdue pour tout le monde.

SÉRAPHIN.

Vot' montre, la v'là... c'est ma tante qui l'avait emportée... elle me l'a donnée pour que je save l'heure.

FILOSELLE.

Comment ! c'était ma femme ?

FLAMÈCHE, *recevant une pièce de monnaie.*

Là... ce que c'est que d'avancer sans savoir.... Il y a long-tems que j'ai dit qu'il fallait bien prendre garde avant de faire des suppositions... Merci, monsieur Filoselle.

TOUS, *excepté Flamèche.*

AIR : *Contredanse de Joconde.*

Allons, partons, à demain l'hyménée...
Plus de soupçons, plus de frayeur ;
Oui, chacun dans cette journée,
En sera quitte pour la peur.

(*Il rentre chez Patoulet.*)

FLAMÈCHE.

Comment donc qu'ça s'est arrangé?... où plutôt comment qu'ça va s'arranger? car enfin... Ah! je devine à présent, celui qu'on a pris pour un voleur, c'est tout bonnement le petit jeune homme que j'ai été attendre aux Messageries..... le fruit des erreurs de M. Patoulet... D'abord, il lui ressemble... et Suzette qui passe pour être la filleule de Mme Patoulet... Sa filleule!... on sait ce que ça veut dire... ils se seront pardonné mutuellement les anicroches de leur jeunesse, et dans ce moment ils forment tous ensemble un tableau de famille... Vl'à c'que c'est, c'est fort touchant !...

PATOULET, *à sa fenêtre.*

Flamèche !

FLAMÈCHE.

Monsieur le commissaire ?...

PATOULET.

Tu peux allumer.

FLAMÈCHE.

Je peux allumer... j'veux bien... mais ça ne m'y fera pas voir plus clair... (*Au public.*) Si quelqu'un dans le quartier pouvait me dire comment qu'ça s'est arrangé... Mais je m'informerai demain aux amis..... Cependant faut encore prendre garde, car...

AIR : *Adieu, je vous fuis, bois charmant.*

    Parmi les amis y a des Grecs,
    Et ce soir la critiqu' revêche,
    Pourrait ben souffler sur mes becs,
    Alors, messieurs, n'y aurait plus mèche.
    Vous qui redoutez les filous,
    Vous qui protégez les lumières,
    Vous qui voulez r'tourner chez vous,
    N' fait's pas tomber les réverbères.

FIN DE L'APOLLON DU RÉVERBÈRE.

RÉPERTOIRE DU THÉATRE DU GYMNASE.

Chaque Pièce se vend séparément 1 fr.

EN VENTE :

1. Le Mariage de Raison.
2. Michel et Christine.
3. La Lune de Miel.
4. L'Héritière.
5. La Demoiselle à Marier.
6. Le Charlatanisme.
7. Simple Histoire.
8. Rodolphe.
9. Le Coiffeur et le Perruquier.
10. La Quarantaine.
11. L'Ambassadeur.
12. La Belle-Mère.
13. La Mansarde des Artistes.
14. L'Intérieur d'un Bureau.
15. Le Baiser au Porteur.
16. Le Diplomate.
17. L'Auberge, ou les Brigands.
18. Une Visite à Bedlam.
19. La Loge du Portier.
20. Le Confident.
21. Les Premières Amours.
22. Le Secrétaire et le Cuisinier.
23. Un Dernier Jour de Fortune.
24. Vatel.
25. La Marraine.
26. Les Grisettes.
27. Le Médecin de Dames.
28. Les Femmes Romantiques.
29. La Haine d'une Femme.
30. La Maîtresse au Logis.
31. Le Mal du Pays.
32. Le Vieux Mari.
33. La Chatte.
34. Le Plus Beau Jour de la vie.
35. Le Nouveau Pourceaugnac.
36. Les Adieux au Comptoir.
37. Les Élèves du Conservatoire.
38. Le Menteur Véridique.
39. La Demoiselle et la Dame.
40. Le Comte Ory.
41. Coraly.
42. Le Solliciteur.
43. Yelva, ou l'Orpheline russe.
44. Le Bal Champêtre.
45. La Charge à Payer.
46. Les Manteaux.
47. Les Inséparables.
48. La Pension Bourgeoise.
49. La Vérité dans le Vin.
50. L'Oncle d'Amérique.
51. Le Baron de Trenck.
52. La Somnambule.
53. L'Ours et le Pacha.
54. Le Château de la Poularde.
55. Les Deux Précepteurs.
56. Le Dîner sur l'Herbe.
57. L'Écarté ou un Coin du Salon.
58. Partie et Revanche.
59. Le Mauvais Sujet.
60. Le Parlementaire.
61. L'Avare en Goguette.
62. M. Tardif.
63. Frontin Mari-Garçon.
64. La Suite de Mich. et Christine.
65. Le Ménage de Garçon.
66. La Nouvelle Clary.
67. Les Empiriques d'Autrefois.
68. Rossini à Paris.
69. Trilby, ou le Lutin d'Argail.
70. Le Bon Papa.
71. Le Fondé de Pouvoirs.
72. La Manie des Places.
73. Les Moralistes.
74. Malvina.
75. Théobald.
76. Madame de Sainte-Agnès.
77. La Bohémienne.
78. Le Leycester du Faubourg.
79. Le Plan de Campagne.

www.ingramcontent.com/pod-product-compliance
Lightning Source LLC
LaVergne TN
LVHW050623090426
835512LV00008B/1641